BEI GRIN MACHT SICH IHR WISSEN BEZAHLT

- Wir veröffentlichen Ihre Hausarbeit, Bachelor- und Masterarbeit

- Ihr eigenes eBook und Buch - weltweit in allen wichtigen Shops

- Verdienen Sie an jedem Verkauf

Jetzt bei www.GRIN.com hochladen und kostenlos publizieren

Rebekka Grupe

Disziplin nach Foucault am Beispiel des preußischen Militärs des 19. Jahrhunderts

GRIN Verlag

Bibliografische Information der Deutschen Nationalbibliothek:

Die Deutsche Bibliothek verzeichnet diese Publikation in der Deutschen National-
bibliografie; detaillierte bibliografische Daten sind im Internet über http://dnb.d-
nb.de/ abrufbar.

Impressum:

Copyright © 2008 GRIN Verlag GmbH
Druck und Bindung: Books on Demand GmbH, Norderstedt Germany
ISBN: 978-3-656-58293-9

Dieses Buch bei GRIN:

http://www.grin.com/de/e-book/267310/disziplin-nach-foucault-am-beispiel-des-
preussischen-militaers-des-19

GRIN - Your knowledge has value

Der GRIN Verlag publiziert seit 1998 wissenschaftliche Arbeiten von Studenten, Hochschullehrern und anderen Akademikern als eBook und gedrucktes Buch. Die Verlagswebsite www.grin.com ist die ideale Plattform zur Veröffentlichung von Hausarbeiten, Abschlussarbeiten, wissenschaftlichen Aufsätzen, Dissertationen und Fachbüchern.

Besuchen Sie uns im Internet:

http://www.grin.com/

http://www.facebook.com/grincom

http://www.twitter.com/grin_com

Universität Bielefeld
Fakultät für Geschichtswissenschaft, Philosophie und Theologie
Abteilung Geschichtswissenschaft
Seminar: Hardcore – Einführung in die Körpergeschichte
SS 2008

Essay:

Disziplin nach Foucault
Am Beispiel des preußischen Militär des 19. Jahrhunderts

Rebekka Grupe
Bachelor Geschichtswissenschaft, 6. Semester

„Keine Schwachstelle des Körpers, die man nicht durch Training verbessern könne, keine Faser, deren Funktion nicht zu optimieren wäre. Wenn man nur lange und hart genug arbeite, werde es irgendwann keine Schwachstelle mehr geben"[1], gab das Magazin „Der Spiegel" im Mai 2008 Aussagen des Profifußballers Thomas Hitzlspergers wieder. Das Beispiel des Hochleistungssportlers macht deutlich, welche hohe Priorität die (eigene) Disziplinierung des Körpers, dem Kapital, im Spitzensport hat. Hitzlsperger stärkt seine Muskulatur mit verschiedenen Geräten, achtet auf Ernährungsregeln und die Korrektheit seiner Bewegungsabläufe, analysiert sein Zweikampfverhalten per Videoaufzeichnungen, kurz: „Hitzlsperger lebt nach Plan."[2] Diese Ökonomisierung des Leibes ist keineswegs eine Erscheinung der letzten Jahrzehnte, sondern ein Wandel der Körperlichkeit einhergehend mit einer Veränderung des Disziplinbegriffs bereits in vorigen Jahrhunderten. Dieser soll im Folgenden dargestellt werden. Michel Foucault untersuchte schon in den 70er-Jahren neue Körpertechnologien im 18. Jahrhundert. In seinem Werk „Überwachen und Strafen" widmete er sich dem Wandel der Disziplin. Zunächst sollen in diesem Essay die Theorien und Annahmen Foucaults zur Disziplinierung der Körper und letztendlich der Individuen kurz dargestellt werden. Als anschauliches Beispiel werden im Anschluss die Praktiken des preußischen Militärs im 19. Jahrhundert untersucht. An einem Aufsatz von Ute Frevert zeigt sich deutlich, wie die Disziplinierung zu dieser Zeit ins Militärwesen Einzug hielt und die Körper der Soldaten disziplinierte und ökonomisierte.

In „Überwachen und Strafen" handelt das dritte Kapitel von der Disziplin. Seine Darstellung beginnt mit der historischen Entwicklung beziehungsweise Intensivierung der Disziplin. Während im 17. Jahrhundert sich der Soldat noch überwiegend durch Symboliken, wie ein kräftiger, stattlicher Körper und das Tragen der Waffe, auszeichne, habe sich im Laufe des folgenden Jahrhunderts das Bild des Soldaten geändert: „etwas (...), was man fabriziert."[3] Der Körper wird zu einem Gegenstand, der auf kleinster Ebene (beispielsweise in seinen Gesten, Bewegungen oder in seiner Schnelligkeit) bearbeitet werden soll, um seine Ökonomie und Effizienz zu steigern. „Diese Methoden, welche die peinliche Kontrolle der Körpertätigkeiten und die dauerhafte Unterwerfung ihrer Kräfte ermöglichen und sie gelehrig/nützlich machen, kann man die ‚Disziplinen' nennen."[4] Diese, so konstatiert Foucault, seien im Laufe des 17./18. Jahrhunderts zu

---

[1] Kramer, Jörg: Der Lernfußballer, in: Der Spiegel, 21/2008, S. 124.
[2] Ebd., S. 126.
[3] Foucault, Michel: Überwachen und Strafen, S. 173.
[4] Foucault, Michel: Überwachen und Strafen, S. 175.

allgemeinen Herrschaftsformen geworden.[5] Sie findet insbesondere in Bereichen wie dem Militär, der Schule oder der Fabrik ihren Einsatz. Die Mechanismen der Disziplin differenziert er in verschiedene Bereiche. Diese sollen hier jedoch nur kurz vorgestellt werden. Die exemplarischen Analyse anhand des Militär des 19. Jahrhunderts wird später noch deutlicher darauf eingehen.

a) Die Kunst der Verteilungen:

Hier würden die Individuen im Raum verteilt. Dies geschehe durch *Klausur*, die Abgrenzung des Disziplinortes von anderen; durch *Parzellierung*, die individuelle Platzzuweisung; durch *die Zuweisung von Funktionsstellen* sowie durch den *Rang*, der Platz innerhalb einer Klassifizierung.[6]

b) Die Kontrolle der Tätigkeiten:

Hierzu zähle die genaue *Zeitplanung* und zusätzlich die *zeitliche Durcharbeitung der Tätigkeiten*. Um den größtmöglichen Nutzen zu erzielen, sei die *Zusammenschaltung von Körper und Geste sowie von Körper und Objekt* wichtig. *Die erschöpfende Ausnutzung* beschreibe letztendlich das Prinzip des „Nicht-Müßiggangs".[7]

c) Die Organisation von Entwicklungen:

Der Aspekt der *Unterteilung der Dauer in Abschnitte* diene der Zerlegung von verschiedenen Tätigkeiten wie Theorie und Praxis; die *analytische Organisation der Abschnitte* beschreibe die Abfolge von Tätigkeiten vom Einfachem zum Komplexem; eine Prüfung, die das Endziel festsetzt, könne als *Finalisierung der Zeitabschnitte* beschrieben werden; die *Installation von Serien der Serien* durch spezielle Übungen weise dem Individuum sein Niveau und Rang auf.[8]

d) Die Zusammensetzung der Kräfte:

Um ein leistungsfähigen Komplex zu schaffen, sei die *Reduktion des Körpers auf seine Funktion und die Einpassung in den Gesamtapparat* notwendig; um eine Optimum an Kräften zu erreichen, ist die *Kombination der Elemente und Serien zu zusammengesetzter Zeit* wichtig. Letztendlich erfordere diese Kombination noch ein *präzises Befehlssystem*.[9]

---

[5] Vgl.: Ebd., S. 176.
[6] Vgl.: Ebd., S. 181-191
[7] Vgl.: Ebd., S. 192-201.
[8] Vgl.: Ebd., S. 201-209.
[9] Vgl.: Foucault, Michel: Überwachen und Strafen, S. 209-219.

Somit hält Foucault für seine Disziplin-Untersuchungen fest, dass „die Disziplin mit ihrer Körperkontrolle vier Typen von Individualität oder vielmehr eine Individualität mit vier Merkmalen produziert". [10] Diesen dargestellten Disziplinarmechanismen ordnet er die Adjektivbestimmungen zellenförmig, organisch, evolutiv und kombinatorisch zu. Was bedeuten diese Überlegungen nun in der Praxis? Foucault selbst gibt in seiner Darstellung für seine Thesen zahlreiche Beispiele aus der Realität. Das Militär, auch heute vermutlich noch die stereotype Institution für Disziplin, verdeutlicht die Anwendung jener sehr klar und deutlich. Deshalb sollen nun auf Basis des Aufsatzes „Das Militär als ‚Schule der Männlichkeit'. Erwartungen, Angebote, Erfahrungen im 19. Jahrhundert" von Ute Frevert die von Foucault propagierten Disziplinarmechanismen im Militär in Preußen untersucht werden. Frevert beschreibt dieses als „eine Schule, die den Männern Männlichkeit beibrachte."[11] Der Aufsatz bietet nicht für jeden Foucaulschen Aspekt Anhaltspunkte, deshalb wird auf einige Punkte stärker, auf andere schwächer eingegangen.

Die Kunst der Verteilungen, wie Foucault es nannte, zeichneten sich beim Militär besonders deutlich ab. Dazu bildeten die Kasernen zunächst eine räumliche Abtrennung von der zivilen Gesellschaft. Durch verschiedene Autoritätspositionen und gliedernde Abteilungen, so wie wir es auch heute noch vom Militär kennen, verfeinerten sich die Machtmechanismen (*zellenförmig*). Denn die allgemeine Wehrpflicht und sein flächendeckendes Rekrutierungssystem, die sich Anfang der 19. Jahrhunderts durchsetzte, sorgte für eine große Zahl von Rekruten, die es zu verteilen galt. Friedrich Paulsen erinnerte sich 1909, dass er in seiner damals etwa 30 Jahre zurückliegenden Militärzeit „„die Macht des organisierten Gemeinschaftswillen' gespürt"[12] habe. Er empfand die Institution als eine Macht, die das „einzelne Glied des Organismus erfasse und nicht nur äußerlich, sonder auch innerlich (...)"[13].

Ute Frevert beschreibt, dass die Armee zunehmend sämtliche Tätigkeiten normierte. Alles wurde „in Kriegsartikeln, Dienstreglements und Vorschriften"[14] festegelegt. Diese Kontrolle der Tätigkeiten gewinnt noch mehr an Kontur, wenn man das Exerzieren, also die Waffen- und Gefechtsausbildung, betrachtet. Für Foucault ist die Zeitplanung (*organisch*) ein wichtiges Element der Kontrolle. Er zählt darunter die „Festsetzung von

---

[10] Ebd., S. 216.
[11] Frevert, Ute: Das Militär als ‚Schule der Männlichkeit', S. 145.
[12] Zit. nach: Ebd., S. 145.
[13] Ebd., S. 146.
[14] Frevert, Ute: Das Militär als ‚Schule der Männlichkeit', S. 157.

4

Rhythmen, Zwang zu bestimmten Tätigkeiten, Regelung der Wiederholungszyklen"[15].
Ute Frevert beschreibt in ihrem Aufsatz das Exerzieren ebenfalls als eine sich ständig
weiderholende Übung. „Deshalb sei es unabdingbar, den Exerzierappell immer und
immer wieder zu üben, bis er ‚dem Manne zur anderen Natur geworden' sei"[16], zitiert
sie einen preußischen Offizier. Gleicher beschreibt auch den Zweck der Übung. Hieran
wird der Gedanke der Disziplin bis ins letzte Detail besonders deutlich: „(...) man
bezweckt damit, dem Einzelnen zu lehren, sich und seine ganze Tätigkeit – bis auf das
Zucken jeder einzelnen Muskel hin – dem Ganzen unterzuordnen und dem Willen des
Führers hinzugeben."[17] Die Zusammenschaltung von Körper und Geste sowie von
Körper und Objekt wurde in dem ausgestalteten Lehrplan der Armee geformt. „Kein
Soldat sollte die Armee so verlassen, wie er in sie eingetreten war"[18], beschreibt Frevert
die Praxis. Das Exerzierreglement von 1888 hob den Willen des Soldaten als
„Beherrscher des Körpers" heraus.[19] Dafür wurden freilich absoluter Gehorsam und
Willenskraft – innere Disziplin – erwartet. Wenn Foucault das Prinzip der
erschöpfenden Ausnutzung beschreibt, wird es an diesen Beispielen sichtbar. Die
Armee unterteilte ihren Lehrplan in verschiedene Einheiten. So gab es das Exerzieren,
Schießen und den Felddienst, aber auch Kasernendienst und theoretischen Unterricht.
Dieses Beispiel unterstützt die Annahme Foucaults, dass die Disziplin eine Zerlegung
von verschiedenen Tätigkeiten sowie die Abfolge von Tätigkeiten vom Einfachem zum
Komplexem fordere (*evolutiv*). Durch die Zielsetzung des Militärs, einen bestimmten
Männertypus – nämlich den mutigen, stolzen, abgehärteten – zu bilden, entstand
zwangsläufig eine Norm, der jedes Individuum nachzueifern hatte. Wer dem nicht
entsprach, musste einen niedrigeren Rang einnehmen. Den Rekruten wurde schnell
bewusst, „wie unvollkommen ihre physischen Qualitäten, gemessen an militärischen
Standards, letztlich doch waren."[20] Foucault beschreibt dies als Installation von Serien
von Serien, die „sein Niveau und seinen Rang"[21] definieren. Als Zusammensetzung der
Kräfte sieht Foucault die Zusammenschaltung der einzelnen Individuen zu einer
gemeinsamen Macht *(kombinatorisch)*. Der Vorwurf Richtung Preußen lautete, dass
dort der Soldat zu „einer willen- und seelenlosen Exerziermaschine abgerichtet

---

[15] Foucault, Michel: Überwachen und Strafen, S. 192.
[16] Zit. nach: Frevert, Ute: Das Militär als ‚Schule der Männlichkeit', S. 158.
[17] Zit. nach: Ebd., S. 158.
[18] Ebd., S. 158.
[19] Vgl.: Ebd., S. 159.
[20] Frevert, Ute: Das Militär als ‚Schule der Männlichkeit', S. 167.
[21] Foucault, Michel: Überwachen und Strafen, S. 205.

würde"[22]. Preußen betonte dagegen, wichtigstes Ziel sei es, die Mannschaften zusammenzuschmieden.[23] Nach Frevert legte die preußische Armee – im Unterschied zu anderen Staaten – stets Wert auf das Ganze, die geordnete Masse.[24] Foucault beschrieb dies unter der Reduktion des Körpers auf seine Funktion und die Einpassung in den Gesamtapparat. Ein präzises Befehlsystem, das Foucault für typisch hält, erwähnt Frevert in ihrem Aufsatz zwar nicht, aus anderen Untersuchungen und aus der Tradition heraus aber, ist das Militär für seine klare schnelle Befehlssprache, um im Kriegsfall schnelle Anweisungen geben zu können, bekannt. Frevert beschreibt jedoch einen Wandel der Erziehungsmethoden. Preußische Offiziere hätten im Laufe der Zeit von physischer Gewalt überwiegend abgesehen und seien zu „sanften Erziehern" geworden.[25] Dies unterstützt Foucaults Überlegungen, die er – ebenfalls in „Überwachen und Strafen" – zu der Entstehung eines neuen Machttyps im 18. Jahrhundert machte und die ähnliches wie in diesem Beispiel beschreiben. Während im Ancien Régime die Körperstrafe noch der Souveränität des Herrschers gedient habe, sei in der Moderne die Strafe relativ zum Vergehen geworden und habe vornehmlich erzieherisches Wirken.[26]

Letztendlich verdeutlich m.E. das Beispiel der preußischen Armee im 19. Jahrhundert die zuvor dargestellten Disziplinarmechanismen Foucaults recht gut. Die von ihm verwendeten Adjektive zur Bezeichnung der Mechanismen haben sich alle im Aufsatz von Ute Frevert wiedergefunden. Und auch Frevert hält schlussendlich fest: „Der männliche Körper wurde gehärtet, gestählt, beweglich gemacht bis zu dem Punkt, dass er seinem Besitzer – bzw. Kommando des Vorgesetzten – automatisch-mechanisch gehorchte."[27] Der Exkurs zum Beginn dieses Essays dürfte gezeigt haben, dass diese Machtmechanismen den Individuen längst zu eigen geworden sind. Das Beispiel Hitzlsperger zeigt, dass die Disziplinarmechanismen bereits durch eigenes Handeln erfolgen. Somit besteht zwar eventuell ein Druck oder Forderung von außen, die Überwachung und die Macht der Disziplinierung entwickelt sich jedoch aus dem Individuum selbst heraus.

---

[22] Frevert, Ute: Das Militär als ‚Schule der Männlichkeit', S. 157.
[23] Vgl.: Ebd., S. 157.
[24] Vgl.: Ebd., S. 158.
[25] Vgl.: Ebd., S. 156.
[26] Vgl.: Foucault, Michel: Überwachen und Strafen, Die Geburt des Gefängnisses, Frankfurt a.M.: Suhrkamp 1994, S. 133-170.
[27] Frevert, Ute: Das Militär als ‚Schule der Männlichkeit', S. 167.

Literatur:

Frevert, Ute: Das Militär als 'Schule der Männlichkeit', Erwartungen, Angebote, Erfahrungen im 19. Jahrhundert, in: U. Frevert (Hg.): Militär und Gesellschaft im 19. und 20. Jahrhundert, Stuttgart: Klett-Cotta 1997.

Foucault, Michel: Überwachen und Strafen, Die Geburt des Gefängnisses, Frankfurt a.M.: Suhrkamp 1994

Kramer, Jörg: Der Lernfußballer, in: Der Spiegel, 21/2008.